# Lipizzaner

| | |
|---|---|
| Stockmaß: | 148-158 cm |
| Gewicht: | 560-660 kg |
| Farben: | überwiegend Schimmel |
| Herkunft: | Österreich/Slowenien |
| Verbreitung: | Österreich, Slowenien, Europa, USA |
| Eigenschaften: | klug, sanft, genügsam, gehorsam, gelehrig, langlebig |
| Nutzung: | Dressur, Freizeit, Fahren |

## Nutzung

Der Lipizzaner ist ein Barockpferd mit dem typischen ramsnasigen Profil. Die Rasse zeigt schöne Gangarten. Das ist besonders für die Dressur und die Hohe Schule eine gute Eigenschaft. Lipizzaner werden auch als Show-, Fahr- und Freizeitpferde genutzt.

## Geschichte

Lipizzaner sind besonders aus der Spanischen Hofreitschule in Wien berühmt. Gezüchtet wurde die Rasse ab dem 16. Jh. auf dem Gestüt Lipica in Slowenien, das zu dieser Zeit zu Österreich gehörte.

Schimmel werden dunkel geboren und schimmeln im Laufe der Jahre aus, werden also hell.

# Brabanter

Stockmaß: 158-175 cm
Gewicht: bis 1500 kg
Farben: Schimmel, Braune, Rappen, Füchse
Herkunft: Belgien
Verbreitung: weltweit
Eigenschaften: sehr ruhig, freundlich, sanft, lernwillig, gehorsam, motiviert
Nutzung: Arbeitspferde

## Nutzung

Das starke Zugpferd kommt bei Festumzügen zum Einsatz, wo der Brabanter Brauereikutschen zieht. Bei Zugwettbewerben geht es um seine Zugkraft. In Oostduinkerke in Belgien arbeitet der Brabanter mit den Krabbenfischern. Bei diesem seltenen Handwerk watet das Pferd brusttief im Wasser. Seit 2013 gehört die belgische Krabbenfischerei zu Pferde zum Kulturerbe der UNESCO.

## Aussehen

Bis zu 1500 kg wiegt das schwerste Pferd der Welt, der belgische Brabanter, der auch Belgier, Belgisches Kaltblut oder Flämisches Pferd genannt wird. Sein Stockmaß beträgt bis zu 1,75 m. Er ist stämmig und gut bemuskelt.

# New-Forest-Pony

| | |
|---|---|
| Stockmaß: | 120-148 cm |
| Gewicht: | 535-685 kg |
| Farben: | alle außer Schecken |
| Herkunft: | New Forest (Großbritannien) |
| Verbreitung: | Großbritannien, Frankreich, Europa, USA, Kanada, Australien |
| Eigenschaften: | gutmütig, klug, trittsicher, springfreudig, zuverlässig |
| Nutzung: | Familien- und Sportpferd, Fahren |

## Lebensweise

New-Forest-Ponys leben halbwild in der englischen Region New Forest. In diesem königlichen Gebiet leben die Tiere schon einige Jahrhunderte. Die Rasse wird aber auch auf Gestüten im Ausland gezüchtet.

## Nutzung

Die Ponys sind vielseitige Familienpferde, das heißt, sie eignen sich für Kinder, Jugendliche und auch Erwachsene. Die ganze Familie hat Freude mit einem New-Forest-Pony. Zu seinen Fähigkeiten gehören u. a. Springreiten, Dressur, Vielseitigkeit und Fahren. New-Forest-Ponys sind gute Partner beim Freizeitreiten und in der Pferdetherapie. Auch junge Reitanfänger fühlen sich bei den ausgeglichenen Tieren wohl.

# Marwari

| | |
|---|---|
| Stockmaß: | 152-160 cm |
| Farben: | alle |
| Herkunft: | Indien |
| Verbreitung: | Indien, außerhalb Indiens selten |
| Eigenschaften: | mutig, lebhaft, klug, treu, ausdauernd, schnell, genügsam |
| Nutzung: | Reiten, Sport, Show, Polizeipferd |

## Aussehen

Marwaris haben ein einzigartiges Merkmal, ihre sichelförmigen Ohren. Bei manchen Tieren berühren sich sogar die Spitzen. Die eleganten Wüstenpferde vertragen Hitze und Kälte. Lange Wimpern schützen ihre Augen vor dem Wüstensand. Marwaris sind sehr trittsicher. Ihre robusten Hufe werden nur selten beschlagen.

## Nutzung

Die indische Rasse ist beliebt als Freizeit- und Sportpferd für erfahrene Reiter. Marwaris beherrschen eine vierte Gangart: den Revaal, eine Art Passgang. Auch bei der berittenen Polizei oder als Showpferd auf Festen kommen die Marwaris zum Einsatz. Eine Besonderheit ist der Pferdetanz, für den sie prachtvoll geschmückt werden. Mit Glöckchen an den Beinen tanzen die Pferde dabei zu rhythmischer Trommelmusik.

# Lusitano

| | |
|---|---|
| Stockmaß: | ab 155 cm |
| Farben: | alle außer Schecken |
| Herkunft: | Portugal |
| Verbreitung: | weltweit |
| Eigenschaften: | klug, gutmütig, fügsam, mutig, schnell, wendig, anspruchsvoll |
| Nutzung: | Dressur, Freizeit, Rinderarbeit, Stierkampf |

## Nutzung

Lusitanos sind vielfältige Barockpferde, die Talent für Dressur und die Hohe Schule besitzen. Sie haben »Cow sense« und können in der Rinderarbeit und für den berittenen Stierkampf eingesetzt werden. Teilweise eignen sie sich auch für Springreiten, Vielseitigkeit und Fahrsport. Beim Freizeit- und Wanderreiten sind sie ebenfalls gute Partner.

## Aussehen

Das Pferd im Barocktyp ähnelt der Pura Raza Española. Lusitanos haben einen harmonischen Körperbau, sind stark und muskulös. Ihre Brust ist breit und ihr Rücken kurz. Die ramsnasige Rasse hat einen üppigen Behang, der häufig gewellt ist.

# Ardenner

| | |
|---|---|
| Stockmaß: | 155-166 cm |
| Gewicht: | 700-1000 kg |
| Farben: | Braune, Rappen, Füchse, Schimmel |
| Herkunft: | Frankreich |
| Verbreitung: | Frankreich, Belgien, Luxemburg, Schweden |
| Eigenschaften: | gutmütig, ausgeglichen, nervenstark, folgsam, ausdauernd, robust |
| Nutzung: | Zug-, Fahr-, Schlachtpferd |

## Aussehen

Ardenner sind kompakte, gut bemuskelte Pferde. Ihr kleiner, edler Kopf hat ein gerades oder leicht geramstes Profil, das bedeutet, ihr Nasenrücken ist nach außen gewölbt. Gliedmaßen und Rücken sind kurz. Die Kruppe ist gespalten. Üppiger Kötenbehang ist typisch, die Hufe sind hart und aus dunklem Horn.

## Nutzung

Früher arbeiteten Ardenner als Zug- und Militärpferde. Heute wird die Rasse zum Reiten und Fahren genutzt. So eignen sich Ardenner als Gespannpferde und für den Reittourismus. Als Rückepferde transportieren sie Holz ab. Außerdem dienen sie als Schlachtpferd für die Fleischproduktion.

# Pfalz-Ardenner

| | |
|---|---|
| Stockmaß: | 152-162 cm |
| Gewicht: | 800-1000 kg |
| Farben: | Füchse, Braune, Rappen, Schimmel |
| Herkunft: | Deutschland |
| Verbreitung: | Rheinland-Pfalz (Deutschland) |
| Eigenschaften: | umgänglich, ausgeglichen, fleißig, leistungsfähig |
| Nutzung: | Arbeits- und Freizeitpferd |

## Nutzung

Die sehr seltene Rasse der Pfalz-Ardenner dient als Arbeitspferd in der Land- und Forstwirtschaft. Die Pfalz-Ardenner sind wegen ihres Charakters besonders auch für das Freizeitreiten geeignet. Ihre Bewegungen sind schwungvoll.

## Aussehen

Unter den Pfalz-Ardenner-Schimmeln gibt es Rapp-, Braun- und Fuchsschimmel. Ein Rappschimmel ist als Rappe zur Welt gekommen, der Braunschimmel als Brauner und der Fuchsschimmel als Fuchs. Die Pferde schimmeln langsam aus, und ihre Haare werden immer heller, bis das Pferd ein Schimmel ist. Die Haare sind nicht wirklich weiß, sondern farblos. Pfalz-Ardenner sind leichte bis mittelschwere Kaltblüter.

# Percheron

| | |
|---|---|
| Stockmaß: | 150-180 cm |
| Gewicht: | 500-1200 kg |
| Farben: | Schimmel, selten Rappen, Braune |
| Herkunft: | Frankreich |
| Verbreitung: | Frankreich, Großbritannien, USA, Kanada, Japan, Deutschland, Argentinien, Australien |
| Eigenschaften: | folgsam, klug, robust, pflegeleicht |
| Nutzung: | Zug-, Arbeits-, Schlachtpferd |

## Aussehen

Das massige, große und muskulöse Kaltblut wurde von Arabern und Berbern veredelt. Percherons besitzen einen feinen Kopf mit feinen Ohren und geradem Profil. Der Hals ist lang und kräftig, die Kruppe gespalten. Während der Kötenbehang nur leicht ist, haben Percherons üppiges und volles Langhaar.

## Nutzung

Percherons sind vielseitige Zug- und Arbeitspferde. Sie werden in der Landwirtschaft, als Rückepferd und bei Festumzügen genutzt. Auch bei Zugwettbewerben machen sie mit. Die kleineren Percherons eignen sich als Freizeitpferde. Da sie als Arbeitstiere nur noch selten gebraucht werden, werden sie auch als Schlachtpferd gezüchtet.

# Paso Peruano

| | |
|---|---|
| Stockmaß: | 145-155 cm |
| Farben: | alle außer Schecken |
| Herkunft: | Peru |
| Verbreitung: | Peru, El Salvador, Uruguay, USA |
| Eigenschaften: | elegant, ruhig, genügsam, widerstandsfähig, ausdauernd, willig |
| Nutzung: | Freizeit, Wanderreiten, Gangpferdwettbewerbe |

## Nutzung

Der Paso Peruano, auch Costeno oder Peruanisches Steppenpferd genannt, ist an das Leben in den peruanischen Anden angepasst. Er ist trittsicher und hat einen guten Orientierungssinn. Für lange Reitstrecken im Gebirge ist eine bequeme Gangart von Vorteil. Der Paso Peruano beherrscht den bequemen Paso Llano, der dem Tölt ähnlich ist, und den Sobreandano, der dem Passgang ähnelt. Beide Gangarten sind angeboren.

## Aussehen

Die Abstammung von Berbern und spanischen Pferden sieht man dem Paso Peruano heute noch an. Er hat einen kleinen Kopf mit großen Augen und ein gerades oder leicht geramstes Profil. Sein Hals ist muskulös und hoch aufgesetzt. Die Rasse zeichnet sich auch durch kleine, harte Hufe und gute Sprunggelenke aus.

# Knabstrupper

| | |
|---|---|
| Stockmaß: | 150-165 cm |
| Gewicht: | 800-1100 kg |
| Farben: | Tigerschecken |
| Herkunft: | Dänemark |
| Verbreitung: | Dänemark, Norwegen, Schweden, Deutschland, Europa |
| Eigenschaften: | umgänglich, freundlich, gelehrig |
| Nutzung: | Freizeit-, Reit- und Fahrpferd |

## Aussehen

Unter den Knabstruppern gibt es Volltiger, Schabracktiger und Schneeflockentiger. Weißgeborene haben keine oder nur wenige Punkte. Auch einfarbige Knabstrupper werden geboren. Alle Knabstrupper haben ein Krötenmaul, gefleckte Haut, »Menschenaugen«, also eine weiß umrandete Iris, Stichelhaare und gestreifte Hufe.

## Nutzung

Entstanden ist der Knabstrupper aus der Kreuzung des dänischen Frederiksborgers und einer spanischen Rasse. Es gibt verschiedene Typen der Knabstrupper: die Barockpferde, die Sportpferde und die Ponys. Der barocke Typ ist für die Hohe Schule geeignet. Die Rasse eignet sich als Freizeit-, Reit- und Fahrpferd.

# Hackney

| | |
|---|---|
| Stockmaß: | 150-165 cm |
| Farben: | Füchse, Braune, Rappen |
| Herkunft: | Großbritannien |
| Verbreitung: | Großbritannien, USA, Kanada, Argentinien, Südafrika, Australien |
| Eigenschaften: | lebhaft, schnell, elegant, ausdauernd, arbeitswillig |
| Nutzung: | Show, Fahren |

## Nutzung

Der Hackney wurde als Kutschpferd vom Automobil ersetzt. Heute ist er ein beliebtes Show- und Wagenpferd, besonders wieder vor Kutschen. Sensationell ist sein Trab: Dabei zeigt der anmutige Hackney viel Knieaktion, denn er zieht die Knie beim Traben sehr hoch. Dabei hält er die Knie kurz in der Luft und es entsteht eine Schwebephase.

## Aussehen

Der hoch erhobene Kopf des eleganten Hackneys gibt dem Pferd eine stolze Haltung. Im Stand streckt es die Hinterbeine leicht nach hinten. Die Rasse hat oft weiße Abzeichen an Kopf und Beinen.

# Noriker

| | |
|---|---|
| Stockmaß: | 156-165 cm |
| Gewicht: | 600-800 kg |
| Farben: | alle |
| Herkunft: | Österreich |
| Verbreitung: | Österreich, Deutschland, Italien, USA |
| Eigenschaften: | fügsam, freundlich, gelassen, robust, kräftig, fleißig, trittsicher |
| Nutzung: | Fahr-, Zieh-, Reit-, Schlachtpferd |

## Aussehen

Noriker sind in ihren Fellfarben besonders vielfältig. Es gibt Rappen, Braune und Füchse, außerdem Tigerschecken, Plattschecken und Mohrenköpfe. Der Mohrenkopf ist ein Rappe mit weißen Stichelhaaren, die sein Fell aufhellen und grau aussehen lassen. Sein Kopf ist dabei ganz schwarz.

## Nutzung

Die Kaltblüter haben sehr gute Ziehfähigkeiten und sind gute Fahr- und Zugpferde. Noriker werden in der Forstwirtschaft und bei Festumzügen eingesetzt. Auch als Reit- und Familienpferd sind sie geeignet. Wie einige Zugpferdrassen dienen auch Noriker als Schlachtpferde, da nicht mehr genug Bedarf an der Rasse besteht.

# American Quarter Horse

| | |
|---|---|
| Stockmaß: | 145-165 cm |
| Gewicht: | ca. 550 kg |
| Farben: | alle, außer Schecken |
| Herkunft: | USA |
| Verbreitung: | weltweit |
| Eigenschaften: | kooperativ, gelassen, gutmütig, wendig, flink, klug, fleißig |
| Nutzung: | Rennen, Hüte- und Treibarbeit, Western |

## Nutzung

Diese alte amerikanische Pferderasse ist nicht nur ein gutes Rennpferd. Sie besitzt auch »Cow sense«, das Talent für die Arbeit mit Rindern. Die Rasse gilt als eine der besten für die Rinderarbeit, denn sie ist mutig, wendig und schnell.
American Quarter Horses zeichnen sich auch im Westernreiten aus. Sie sind die wohl beliebteste Pferderasse der Welt!

## Fähigkeiten

Das Westernpferd American Quarter Horse kann auf kurzen Strecken am schnellsten rennen. Es beschleunigt besonders gut und erreicht auf einer 400 m langen Strecke bis zu 88 km/h.

#1

**Rekord**

Schnellste Rasse der Welt auf kurzer Strecke!

# Appaloosa

| | |
|---|---|
| Stockmaß: | 142-165 cm, |
| Gewicht: | 430-570 kg |
| Farben: | Tigerschecken |
| Herkunft: | USA |
| Verbreitung: | USA, Europa, Australien |
| Eigenschaften: | freundlich, fügsam, ausdauernd, pflegeleicht, schnell, trittsicher |
| Nutzung: | Familienpferd, Freizeit, Western, Show, Wanderreiten |

## Aussehen

Alle Appaloosas sind Tigerschecken mit unterschiedlichen Farben und Fellzeichnungen. Der Volltiger hat dunkle Flecken auf weißem Fell, der Schneeflockentiger hat weiße Flecken auf dunklem Fell. Pferde mit weißer, gefleckter Kruppe bezeichnet man als Schabracktiger. Eine weiße Decke hat das Pferd bei einer rein weißen Kruppe. Die Haut der Appaloosas ist immer gefleckt, ihre Hufe sind gestreift. Sie haben, wie beim Menschen, eine weiß umrandete Iris, die man deshalb auch »Menschenauge« nennt.

## Geschichte

Die Appaloosas wurden von den Nez-Percé-Indianern gezüchtet - am Palouse River, der den Pferden ihren Namen gab. Ursprung der Rasse waren gescheckte Pferde, die die spanischen Eroberer mitgebracht hatten.

# Konik

| | |
|---|---|
| Stockmaß: | 130-140 cm |
| Farben: | Mausgraufalben |
| Herkunft: | Polen |
| Verbreitung: | Polen, Niederlande, Frankreich, Deutschland, Baltikum, Großbritannien |
| Eigenschaften: | gutmütig, klug, selbstständig, anpassungsfähig |
| Nutzung: | Reiten, Fahren, Kinderpferd |

## Nutzung

Koniks, auch Konik Polski genannt, werden gezüchtet, um die Art zu erhalten und zu schützen. Früher wurden Koniks als Arbeitstiere in der Landwirtschaft genutzt. Heute sind sie ausgezeichnete Freizeitpferde und eignen sich zum Reiten und Fahren.

Konik bedeutet »Pferdchen« auf Polnisch.

## Aussehen

Bei den Koniks ist die typische Wildzeichnung erhalten: der Aalstrich und die Zebrastreifen an den Beinen. Die Mausgraufalben können hell bis dunkel und auch falb ausfallen. Im Winter hellt sich das Fell der Pferde auf. Der Kopf hat oft eine dunklere Farbe als der Körper, das Langhaar ist dunkel oder stichelhaarig.

# Przewalski-Pferd

| | |
|---|---|
| Stockmaß: | ca. 130 cm |
| Gewicht: | 240-300 kg |
| Farben: | Falben |
| Herkunft: | Mongolei |
| Verbreitung: | Mongolei, China; halbwilde Herden in Frankreich, Spanien, Belgien |
| Nutzung: | robust, schnell, nicht dressierbar |

## Aussehen

Przewalski-Pferde, auch Takh oder Takhi genannt, besitzen die typischen Merkmale der Wildpferde, dazu zählt der Aalstrich, Zebrastreifen an den Beinen und die Pangare-Färbung, sowie die kurzen Stehmähnen, wie man sie von Eseln und Zebras kennt. Die Schweifhaare der Przewalski-Pferde beginnen weiter unten als beim Hauspferd, weil ihr Schweifansatz länger ist.

## Nutzung

Das Przewalski-Pferd aus der Mongolei hat als einziges echtes Wildpferd bis heute überlebt. In der Wildnis war es schon ausgestorben, bis einige Pferde aus Zoos ausgewildert wurden.

Die Rasse ist zähmbar, lässt sich aber nicht reiten.

# Shagya-Araber

| | |
|---|---|
| Stockmaß: | 150-165 cm |
| Farben: | meist Schimmel, auch Braune, Füchse, Rappen |
| Herkunft: | Ungarn |
| Verbreitung: | Europa |
| Eigenschaften: | sanft, mutig, klug, lebhaft, schnell, ausdauernd, robust, athletisch |
| Nutzung: | Reiten, Fahren, Freizeit |

## Geschichte

Shagya-Araber ähneln dem Arabischen Vollblut, sind aber kräftiger. Stammvater der Rasse ist der Araber-Schimmel Shagya, der mit orientalischen Stuten gekreuzt wurde. Später wurden noch Lipizzaner und Englisches Vollblut eingekreuzt. Die Shagya-Araber dienten früher als Militärpferde.

## Nutzung

Heute sind Shagya-Araber vielseitige und edle Reit- und Fahrpferde. Die Zucht hat zum Ziel, dass sich die Rasse für viele Zwecke eignet: Springen, Geländereiten, Vielseitigkeit, Langstreckenrennen, Dressur und noch mehr. Als Freizeitpferd sind Shagya-Araber gute Partner für Kinder und Anfänger.

# Exmoor-Pony

| | |
|---|---|
| Stockmaß: | 116-130 cm |
| Gewicht: | ca. 230 kg |
| Farben: | Braune |
| Herkunft: | Exmoor (Großbritannien) |
| Verbreitung: | Großbritannien, USA, Kanada |
| Eigenschaften: | klug, selbstständig, stark, folgsam, ausdauernd, freundlich |
| Nutzung: | Kinderpferd, Fahren, Distanzreiten |

## Aussehen

Die braunen oder schwarzbraunen Exmoor-Ponys besitzen die Pangare-Färbung: Sie haben ein Mehlmaul, eine mehlfarbene Augenpartie und Bauch und Innenseite der Beine sind hell. Die Enden ihrer Gliedmaßen sind dunkel. Es kommen keine Abzeichen vor. Die Ponys haben außerdem »Krötenaugen«: Ihre Augenlider stehen dick hervor, sodass die Augen vor Wind und Regen geschützt sind.

## Lebensweise

Exmoor-Ponys sind an ein Leben in der Region Exmoor, einer Moor- und Heidelandschaft, angepasst. Die hier lebenden halbwilden Herden kommen mit dem rauen, nassen Wetter und dem kargen Futter gut zurecht. Das dichte Langhaar und Winterfell schützen die Ponys vor Kälte und Nässe, Regen und Schnee.

# Dülmener Wildpferd

| | |
|---|---|
| Stockmaß: | 125-135 cm |
| Farben: | Falben |
| Herkunft: | Merfelder Bruch (Deutschland) |
| Verbreitung: | Merfelder Bruch (Deutschland) |
| Eigenschaften: | gutmütig, ausgeglichen, lernfreudig, robust, ausdauernd, langlebig |
| Nutzung: | Familienpferd, Reiten, Fahren |

## Lebensweise

Die Dülmener Wildpferde in Deutschland leben halbwild im Merfelder Bruch, einer Moor- und Heidelandschaft. Nur selten greift der Mensch in die Herde ein. In besonders harten Wintern wird sie gefüttert. Jedes Jahr im Mai werden alle Hengste, bis auf einen, eingefangen und verkauft.

## Aussehen

Das einheitliche Exterieur (Körperbau und Aussehen) der Dülmener wurde durch das Einkreuzen eines Konik-Hengstes erreicht. Alle Dülmener Wildpferde sind Falben in verschiedenen Farbabstufungen. Besonders häufig gibt es Grau- und Braunfalben. Außerdem erkennt man sie an ihrer Wildzeichnung: dem dunklen Aalstrich und den Zebrastreifen an den Beinen.

# Mustang

| | |
|---|---|
| Stockmaß: | 135-152 cm |
| Farben: | alle |
| Herkunft: | USA |
| Verbreitung: | USA |
| Eigenschaften: | fester Charakter, feurig, mutig, ausdauernd, schnell, robust, genügsam, trittsicher |
| Nutzung: | Reiten, Arbeitspferde |

## Geschichte

Die wilden Mustangs in den USA sind verwilderte Hauspferde. Das sind entlaufene oder zurückgelassene Tiere, die in der freien Natur überlebt haben. Mustangs stammen von den Pferden der spanischen Einwanderer aus dem 16. Jh. ab.

## Nutzung

Wenn man die verwilderte Pferderasse jung zähmt und zureitet, kann man die Mustangs gut reiten. Als Reitpferde eignen sie sich für Distanz- und Geländereiten, denn sie sind ausdauernd. Auch beim Rodeo werden sie eingesetzt. Mit ihrem »Cow sense« leisten sie Hüte- und Treibarbeit auf amerikanischen Farmen.

# Achal-Tekkiner

| | |
|---|---|
| Stockmaß: | 150-168 cm |
| Farben: | alle, außer Schecken |
| Herkunft: | Turkmenistan |
| Verbreitung: | Turkmenistan, Russland, Kasachstan, Kirgisistan, Usbekistan, Iran, teilweise Europa |
| Eigenschaften: | klug, elegant, sehr ausdauernd, genügsam, widerstandsfähig |
| Nutzung: | Reiten, Rennen, Distanzreiten |

## Nutzung

Achal-Tekkiner werden für ihre sehr gute Ausdauer und Schnelligkeit geschätzt. Sie sind gute Rennpferde auf langen Strecken. Sie halten harte Bedingungen wie Hitze und Kälte aus und sind widerstandsfähig. Die Rasse eignet sich besonders für Ausdauerwettkämpfe. Auch Springreiten, Dressur und Vielseitigkeit liegen den Achal-Tekkinern.

## Aussehen

Typisch für Achal-Tekkiner ist ein goldener oder silberner metallischer Schimmer ihres Fells. Weiße Abzeichen an Kopf und Beinen tauchen oft auf. Das Langhaar der Rasse ist meist sehr dünn und kurz. Ein Schopf ist fast gar nicht vorhanden.

# Holsteiner

Stockmaß: 165-175 cm
Gewicht: 700-850 kg
Farben: alle, außer Schecken
Herkunft: Deutschland
Verbreitung: weltweit
Eigenschaften: klug, fügsam, nervenstark, zuverlässig, schnell, athletisch
Nutzung: Turnier- und Springsport, Fahren

## Nutzung

Die schönen Holsteiner sind eine vielfältige Rasse, die sich zum Gespannfahren, zum Springreiten und für die Dressur eignet. Ein besonderes Talent haben Holsteiner für das Springen. Sie haben kräftige Sprunggelenke und Beine und große Hufe.

## Geschichte

Früher wurden die Holsteiner beim Militär, in der Landwirtschaft und als Kutschpferd eingesetzt. Als Maschinen ihre Arbeit ersetzt haben, brauchte man Holsteiner als Arbeitspferde nicht mehr. Die sehr kräftige Rasse ist durch Veredelung mit Vollblütern zu einem guten Sportpferd geworden.

# Shire Horse

| | |
|---|---|
| Stockmaß: | 163-200 cm |
| Gewicht: | 800-1100 kg |
| Farben: | Rappen, Braune, Dunkelbraune, Schimmel; keine Füchse |
| Herkunft: | Großbritannien |
| Verbreitung: | Europa, USA, Kanada, Australien |
| Eigenschaften: | freundlich, geduldig, sanft |
| Nutzung: | Zug- und Arbeitspferd, Fahren |

## Aussehen

Das größte Pferd der Welt kommt aus England. Über 1000 kg wiegt das Shire Horse und sein Stockmaß reicht bis zu 2 m. Der typische, üppige Kötenbehang muss gut gepflegt werden, sonst kann sich darunter Mauke bilden, eine Entzündung der Haut in der Fesselbeuge.

## Nutzung

Weil das Shire Horse so stark ist, hat es früher Ritter mit ihrer schweren Rüstung getragen und die Straßenbahn in London gezogen. Heute ist es ein vielseitiges Zug- und Arbeitspferd in der Landwirtschaft, bei der Rückearbeit oder bei Festumzügen. Oft wird das Shire geschmückt und herausgeputzt, das Langhaar wird frisiert und geflochten. Auch für das Freizeitfahren eignet es sich.

**Rekord**
Größte Pferderasse der Welt!
#1

# Clydesdale

| | |
|---|---|
| Stockmaß: | 165-183 cm |
| Gewicht: | bis 1000 kg |
| Farben: | überwiegend Braune |
| Herkunft: | Großbritannien |
| Verbreitung: | Großbritannien, Irland, USA, Kanada, Australien, Neuseeland |
| Eigenschaften: | ruhig, stark, robust, arbeitswillig |
| Nutzung: | Fahren, Zugwettbewerbe, Arbeitspferd |

## Aussehen

Clydesdales sind leicht zu erkennen, nur dem Shire Horse ähneln sie. Die Pferde haben große Abzeichen an Beinen und Bauch und fast immer eine Blesse. Ihr Profil ist gerade oder leicht ramsnasig. Die Stirn ist breit und der Hals dick. Für Kaltblüter haben Clydesdales lange Beine. Der ausgeprägte Kötenbehang bedeckt ihre Hufe.

## Nutzung

Die schottische Rasse bewegt sich elegant. Deswegen ist sie besonders geeignet als Zugpferd vor Kutschen oder Brauereiwagen. Das Clydesdale kann auch geritten werden oder als Rückepferd arbeiten. Auch für das Freizeitfahren eignet es sich.

# Welsh-Pony und Cob

| | |
|---|---|
| Stockmaß: | Sektion A bis 122 cm, Sektion B/C bis 137 cm, Sektion D über 137 cm |
| Gewicht: | 350-550 kg |
| Farben: | alle außer Schecken |
| Herkunft: | Wales (Großbritannien) |
| Verbreitung: | weltweit |
| Eigenschaften: | lebhaft, klug, leistungsbereit |
| Nutzung: | je nach Typ Freizeit- und Turniersport, Fahren, Kinderpferd |

## Geschichte

Welsh-Ponys und Cobs stammen von keltischen Pferden ab. Durch das Kreuzen mit unterschiedlichen Rassen wurden vier Typen des Welsh-Ponys gezüchtet. Aus dem Welsh-Mountain-Pony (Sektion A) entstanden die anderen drei Typen der Rasse: das Welsh-Pony (Sektion B), das Welsh-Pony im Cob-Typ (Sektion C) und der Welsh Cob (Sektion D).

## Lebensweise

In Wales leben Welsh-Ponys in halbwilden Herden, wodurch sie ein ausgeprägtes Sozialverhalten entwickelt haben. Die schroffen Lebensbedingungen in den Bergen haben die Rasse robust und leichtfuttrig gemacht. Das heißt, dass sie Futter gut verwerten können und deshalb weniger davon brauchen.

Früher arbeitete die Rasse als Grubenpony.

# Norweger

| | |
|---|---|
| Stockmaß: | 135-150 cm |
| Gewicht: | 400-540 kg |
| Farben: | Falben mit Aalstrich |
| Herkunft: | Norwegen |
| Verbreitung: | weltweit |
| Eigenschaften: | sanft, anspruchslos, robust, gelehrig, ausgeglichen |
| Nutzung: | Reiten, Fahren, Kinder- und Therapiepferd |

## Aussehen

Norweger sind Falben mit Aalstrich und häufig auch Zebrastreifen an den Beinen. Besonders auffällig ist der verlängerte Aalstrich, der vom Schopf bis zum Schweif reicht. Dadurch sind Mähne und Schweif zweifarbig: silbern und schwarz. Die dichte Mähne wird oft zu einer Stehmähne gestutzt. Norweger haben keine Abzeichen, dafür häufig ein Mehlmaul.

## Nutzung

Der Norweger, auch Norwegisches Fjordpferd genannt, ist aufgrund seines sanften Charakters ein gutes Therapiepferd. Die Pferdetherapie hilft bei körperlichen und seelischen Problemen. Zum Beispiel stärkt das Reiten bei Kindern mit Down-Syndrom die Bauchmuskeln, wodurch sie besser sitzen können. Wichtig bei dieser Therapie ist der Körperkontakt mit dem Pferd, der den Menschen guttut.

# Shetland-Pony

| | |
|---|---|
| Stockmaß: | 86-107 cm |
| Gewicht: | ca. 200 kg |
| Farben: | alle außer Tigerschecken |
| Herkunft: | Shetlandinseln (Großbritannien) |
| Verbreitung: | weltweit |
| Eigenschaften: | lebhaft, dickköpfig, widerstandsfähig, gutmütig, klug, genügsam |
| Nutzung: | Kinderpferd, Reiten, Fahren |

## Aussehen

Zu den kleinsten Pferderassen der Welt gehört das Shetland-Pony. Es hat kurze, kräftige Gliedmaßen und einen runden Bauch. Mähne, Schopf und Schweif sind lang und voll. Auch das Winterfell des Shettys ist dicht und lang, was das Pony schön kuschelig aussehen lässt.

## Geschichte

Auf den schottischen Shetlandinseln, der Heimat der Shettys, herrschte ein raues Klima und Futterknappheit. So wurden sie zu einer sehr robusten Rasse. Wenn eine Insel abgeweidet war, schwammen die Ponys einfach zur nächsten Insel.

Queen Elizabeth II. lernte als Kleinkind mit einem Shetland-Pony reiten.

# Trakehner

| | |
|---|---|
| Stockmaß: | 160-170 cm |
| Gewicht: | 460-670 kg |
| Farben: | alle |
| Herkunft: | Deutschland |
| Verbreitung: | weltweit |
| Eigenschaften: | einsatzfreudig, nervenstark, verlässlich, klug, gelassen |
| Nutzung: | Reiten, Turniersport, Fahren |

## Geschichte

Die Zucht des Trakehners begann 1732 im ostpreußischen Gestüt Trakehnen. Eingekreuzt wurden Englisches und Arabisches Vollblut, Shagya-Araber und Anglo-Araber. So entstand ein vielseitiges Reit- und Sportpferd. Es eignet sich für Dressur, Springreiten, Fahren, Ausdauersport und Vielseitigkeit.

## Aussehen

Trakehner sind eine besonders edle und elegante Pferderasse. Ihre Ganaschenfreiheit ist gut. Ganaschen nennt man die Rille zwischen Kopf und Hals. Enge Ganaschen können beim Pferd Schmerzen beim Training verursachen.

#1

**Rekord**
Älteste Reitpferderasse Deutschlands!

# Tinker

| | |
|---|---|
| Stockmaß: | 135-160 cm |
| Gewicht: | 460-730 kg |
| Farben: | alle, häufig Plattenschecken |
| Herkunft: | Irland |
| Verbreitung: | Irland, Großbritannien, Deutschland, Frankreich, USA, Australien |
| Eigenschaften: | sanft, friedlich, robust, stark, vielseitig, menschenbezogen |
| Nutzung: | Freizeit-, Familienpferd, Fahren |

## Geschichte

Gezüchtet wurden die Tinker, auch Irish Cob oder Gypsy Vanner genannt, von den irischen »Travellern«, einer fahrenden Bevölkerungsgruppe, die auch »Tinker« genannt wurde. Die Kaltblüter zogen ihre schweren Wägen durch Irland, Großbritannien und Europa. Da mussten die Pferde robust sein.

## Nutzung

Diese Zugpferdrasse wird als Familien- und Freizeitpferd genutzt. Wegen ihres breiten, kurzen Rückens und ihrer guten Gangarten sind sie bequem zu reiten. Tinker sind gute Fahrpferde und eignen sich zum Voltigieren und als Therapiepferde.

# Englisches Vollblut

| | |
|---|---|
| Stockmaß: | 155-173 cm |
| Gewicht: | ca. 500 kg |
| Farben: | Braune, Dunkelbraune, Füchse, seltener Schimmel und Rappen |
| Herkunft: | Großbritannien |
| Verbreitung: | weltweit |
| Eigenschaften: | edel, nervös, athletisch, sehr schnell, menschenbezogen, leistungsbereit |
| Nutzung: | Freizeit- und Turniersport, Rennen |

## Geschichte

Von drei Araberhengsten stammt das Englische Vollblut ab: Byerley Turk, Darley Arabian und Godolphin Barb dienten im 17. Jh. der Zucht dieser schnellen Rasse.

## Nutzung

Das Englische Vollblut kann auf längeren Strecken circa 60 bis 70 km/h rennen und eignet sich daher besonders gut für Pferderennen. Auch beim Springreiten, in der Dressur und in der Vielseitigkeitsprüfung ist die Rasse erfolgreich. Wegen seines nervösen Charakters und seiner Kraft eignet sich das Englische Vollblut nur für erfahrene Reiter.

**#1**

**Rekord**

Schnellste Pferderasse der Welt!

# Islandpferd

| | |
|---|---|
| Stockmaß: | 130-145 cm |
| Gewicht: | 300-500 kg |
| Farben: | alle |
| Herkunft: | Island |
| Verbreitung: | Europa, Nordamerika |
| Eigenschaften: | freundlich, klug, selbstbewusst, widerstandsfähig |
| Nutzung: | Freizeit- und Turniersport, Kinderpferd |

## Haltung

Verlässt ein Isländer Island, darf er nie wieder auf die Insel zurückkehren. Auch andere Pferde dürfen nicht nach Island gebracht werden. So wird verhindert, dass Krankheiten mitgebracht werden. Im Sommer leben die Isländer wild. Im Herbst werden sie von ihren Besitzern eingefangen.

## Nutzung

Die vielfältigen Isländer sind Gangpferde: Sie beherrschen zwei zusätzliche Gangarten, den Tölt und den Rennpass. Beim Tölt setzt das Pferd wie beim Schritt jeden Huf einzeln auf, läuft aber viel schneller. Beim Pass oder Rennpass treten anders als beim Trab nicht die diagonal liegenden Hufe gleichzeitig auf, sondern jeweils beide Hufe der linken und der rechten Seite bewegen sich gleich und berühren gleichzeitig den Boden.

# Connemara-Pony

| | |
|---|---|
| Stockmaß: | 128-150 cm |
| Farben: | Schimmel, Falben, Braune, Rappen, Füchse, Palominos |
| Herkunft: | Connemara (Irland) |
| Verbreitung: | weltweit |
| Eigenschaften: | klug, anpassungsfähig, sanft, robust, genügsam, ausdauernd |
| Nutzung: | Freizeit- und Turniersport, Kinderpferde |

## Geschichte

In ihrem Herkunftsgebiet gibt es auch heute noch albwilde Connemara-Herden. Sie leben das ganze Jahr über draußen und sind an die harten Lebensbedingungen gewöhnt. Das Futter in der Moorlandschaft ist knapp. Auf dem Speiseplan der Ponys stehen Salzgräser und Algen. Connemaras sind sehr genügsam.

## Aussehen

Der irischen Pony-Rasse ist der Einfluss von Welsh-Ponys und Vollblütern anzusehen. Connemaras haben einen harmonischen, edlen Körperbau. Ihr Kopf ist klein und hübsch mit geradem Profil. Sie haben belastbare Beine und feste Hufe und ein besonderes Talent zum Springen!

# Deutsches Reitpony

| | |
|---|---|
| Stockmaß: | 138-148 cm |
| Gewicht: | ca. 325 kg |
| Farben: | alle, überwiegend Füchse |
| Herkunft: | Deutschland |
| Verbreitung: | Deutschland |
| Eigenschaften: | gehorsam, klug, menschenbezogen, robust, freundlich |
| Nutzung: | Freizeit- und Turniersport, Jugendpferd |

## Geschichte

Das Deutsche Reitpony ist erst in den 1960er-Jahren entstanden und damit eine junge Rasse. Es wurden deutsche Pferde, englische Ponys und Vollblüter gekreuzt. Ziel der Zucht war ein hervorragendes Sportpferd, das sich für junge Reiter eignet.

## Nutzung

Fortgeschrittene junge Reiter und zierliche Erwachsene finden im Deutschen Reitpony einen ausgezeichneten Partner für den Turniersport. Die vielfältige Rasse besitzt Talent für die Dressur, das Springen und das Reiten im Gelände. Für Anfänger ist das Pony nicht geeignet.

# Hannoveraner

| | |
|---|---|
| Stockmaß: | ca. 165 cm |
| Gewicht: | 530-760 kg |
| Farben: | Füchse, Braune, Rappen, Schimmel |
| Herkunft: | Deutschland |
| Verbreitung: | weltweit |
| Eigenschaften: | mutig, klug, sensibel, ausgeglichen, ausdauernd, nervenstark |
| Nutzung: | Freizeit, Dressur-, Spring- und Vielseitigkeitssport |

## Nutzung

Hannoveraner gehören zu den besten Sportpferden der Welt. Sie sind eine weltweit beliebte Pferderasse und auf Turnieren sehr erfolgreich.

Hannoveraner bestehen in vielen Disziplinen, zum Beispiel in der Dressur, im Springreiten und der Vielseitigkeitsprüfung. Früher dienten Hannoveraner als Kutsch- und Militärpferde.

## Aussehen

Die meisten Hannoveraner sind Füchse oder Braune. Oft treten weiße Abzeichen an Kopf und Beinen auf. Der Kopf ist trocken, das heißt, die Konturen sind deutlich zu sehen. Das edle Pferd hat große Augen und einen ruhigen Blick. Hengst und Stute unterscheiden sich eindeutig, die Rasse hat also einen deutlichen Geschlechtsausdruck.

# Haflinger

| | |
|---|---|
| Stockmaß: | 135-155 cm |
| Gewicht: | 450-600 kg |
| Farben: | Füchse mit hellem Langhaar |
| Herkunft: | Südtirol, Österreich |
| Verbreitung: | weltweit |
| Eigenschaften: | klug, menschenbezogen, sanft, freundlich, ausdauernd, robust |
| Nutzung: | Freizeit- und Turniersport, Fahren, Kinderpferd |

## Aussehen

Haflinger sind immer Füchse mit sehr hellen Mähnen und Schweifen. Das Langhaar ist weich und dicht. Die Tiroler Ponys entstanden aus Kreuzungen von Arabern und Ponys. Deswegen sind sie kräftig, aber elegant. Sie haben einen kleinen Kopf, große Augen und kleine Ohren. Den Kopf zieren häufig weiße Abzeichen.

## Nutzung

Die Rasse stammt aus Hafling in Südtirol. Hier im Gebirge brauchte man trittsichere Arbeitspferde, die Pflüge und Kutschen ziehen, Lasten tragen und Holzstämme abtransportieren können. Heute werden sie vor allem als Freizeit- und Turnierpferde genutzt. Auch in diesem Bereich ist die Rasse vielseitig und eignet sich zur Dressur, für Western- und Wanderreiten.

# Westfale

| | |
|---|---|
| Stockmaß: | mindestens 158 cm |
| Farben: | alle |
| Herkunft: | Deutschland |
| Verbreitung: | Deutschland, Europa, USA |
| Eigenschaften: | ruhig, mutig, vielseitig, einsatzfreudig, nervenstark, verlässlich |
| Nutzung: | Springreiten, Dressur, Vielseitigkeit |

## Aussehen

Das harmonische, elegante Exterieur der Westfalen eignet sich für jede Reitweise. Ihr Kopf hat deutliche Konturen und ist ausdrucksstark. Der mittellange Hals verjüngt sich zum Kopf hin. Westfalen haben eine gute Ganaschenfreiheit und einen markanten Widerrist. Weiße Abzeichen kommen häufig vor.

## Nutzung

Die vielseitigen Westfalen sind leistungsbereit und nervenstark, unkompliziert und verlässlich. Das macht sie zu guten Reit- und Sportpferden. Die Rasse ist ein besonders guter Springer. Auch in der Dressur und in Vielseitigkeit erzielen Westfalen Erfolge.

# Friese

| | |
|---|---|
| Stockmaß: | 150-170 cm |
| Gewicht: | 500-750 kg |
| Farben: | Rappen |
| Herkunft: | Niederlande |
| Verbreitung: | Niederlande, weltweit |
| Eigenschaften: | unkompliziert, nervenstark, zuverlässig, ausgeglichen, robust |
| Nutzung: | Freizeit- und Turniersport, Fahren |

## Aussehen

Bei den Friesen gibt es ausschließlich Rappen ohne Abzeichen. Nur die Stuten dürfen einen Stern haben. Hals, Rücken und Kruppe der Friesen sind gut bemuskelt. Sie haben große Gelenke und gut geformte Hufe. Mähne und Schweif sind lang und dicht. Friesen haben einen üppigen Kötenbehang.

## Nutzung

Der Friese ist eine der ältesten Pferderassen Europas. Nachdem die Rasse einst bedroht war, ist sie heute sehr beliebt und nicht mehr gefährdet. Friesen sind im Vierspännersport erfolgreich. Auch für das Schaufahren werden sie gerne genutzt, z. B. mit historischen Kutschen oder Schlitten.

# Arabisches Vollblut

| | |
|---|---|
| Stockmaß: | 145-156 cm |
| Gewicht: | 380-450 kg |
| Farben: | alle, außer Schecken |
| Herkunft: | Saudi-Arabien |
| Verbreitung: | weltweit |
| Eigenschaften: | klug, sanft, folgsam, ausdauernd, langlebig, menschenbezogen, freundlich |
| Nutzung: | Distanzreiten, Freizeit, Show, Veredler |

## Nutzung

Die älteste Rasse der Welt gilt als die schönste. Das Arabische Vollblut wird in der Zucht oft genutzt, um andere Rassen zu veredeln. Denn Araber sind edel, ausdauernd, intelligent und gute Sportpferde. Auf langen Strecken sind die vielfältigen Pferde die schnellsten. In Jordanien nehmen Araber zum Beispiel am Wadi-Rum-Wettrennen teil, dessen Strecken 80 km und 120 km lang sind.

## Geschichte

Araber wurden in der Wüste von Beduinen gezüchtet. Für das Überleben von Nomaden und Tieren war eine besondere Fähigkeit der Pferde wichtig: Sie können Wasser riechen.

# Falabella

| | |
|---|---|
| Stockmaß: | 70-86 cm |
| Gewicht: | ca. 65 kg |
| Farben: | alle |
| Herkunft: | Argentinien |
| Verbreitung: | Argentinien, USA, Kanada, Europa |
| Eigenschaften: | freundlich, gutmütig, klug, lernfähig, langlebig |
| Nutzung: | Kutsch-, Show- und Blindenpferd |

## Nutzung

Zum Reiten eignen sich Falabellas nicht, aber sie können leichte Kutschen ziehen. Außerdem arbeiten manche Vertreter der Rasse als Blindenführpferde – zum Beispiel für Menschen, die gegen Hunde allergisch sind oder aus religiösen Gründen keine Hunde halten. Auf Hindernisse macht das kleine Pferd dann unter anderem durch Aufstampfen des Hufes aufmerksam.

## Aussehen

Entstanden sind Falabellas aus Kreuzungen von kleinen Shetland-Ponys und kleinen Vollblütern. Sie haben einen edlen Kopf mit großen Augen und kleinen Ohren.

**Rekord**
Kleinste Pferderasse der Welt!
#1

# Dartmoor-Pony

| | |
|---|---|
| Stockmaß: | 117-127 cm |
| Gewicht: | ca. 225 kg |
| Farben: | meist Braune/Rappen, keine Schecken |
| Herkunft: | Dartmoor (Großbritannien) |
| Verbreitung: | Großbritannien, Belgien, Frankreich, Niederlande, USA, Australien, Neuseeland |
| Eigenschaften: | sanft, pflegeleicht, trittsicher |
| Nutzung: | Kinderpferd, Springen, Fahren |

## Geschichte

Wie viele britische Ponys sind auch die Dartmoor-Ponys eine alte Rasse. Es wurden häufig andere Rassen wie Araber eingekreuzt. Früher arbeiteten die seltenen Dartmoor-Ponys in Minen unter der Erde und als Lastenpony.

## Aussehen

Dartmoor-Ponys leben halbwild.

Dartmoor-Ponys haben ein harmonisches Exterieur. Ihr Kopf ist klein, hübsch und edel. Der Schopf ist lang und das Langhaar dicht. Kleine weiße Abzeichen sind erlaubt, zum Beispiel ein Stern oder eine Schnippe. Mit ihren kräftigen und belastbaren Hufen eignen sie sich zum Springreiten.

# Banker

| | |
|---|---|
| Stockmaß: | 132-150 cm |
| Farben: | Falben, Isabellen, Braune, Dunkelbraune, Füchse, Cremefarbene |
| Herkunft: | Outer Banks (Ostküste USA) |
| Verbreitung: | Outer Banks (Ostküste USA) |
| Eigenschaften: | robust, ausdauernd, fügsam |
| Nutzung: | Reiten |

## Lebensweise

Die Outer Banks sind eine Inselkette im Atlantischen Ozean, vor der Küste North Carolinas. Auf der Insel Shackleford müssen die verwilderten Banker, auch Outer Banks Pony oder Shackleford Banks Pony genannt, mit rauen Bedingungen zurechtkommen. Es gibt nur wenig Süßwasser und Nahrung. Die Pferde ernähren sich von Schlickgräsern und Strandgras und es wird nicht zugefüttert.

## Nutzung

Auf Shackleford Banks leben 110 bis 130 Pferde in circa 30 Herden. Wird die Population zu groß, nimmt der Mensch Pferde heraus. Diese Pferde können dann adoptiert werden. Der Banker lässt sich zähmen und zureiten. Seinem Reiter bietet er als Gangpferd zwei zusätzliche Gangarten: Tölt und Passgang.

# Wladimirer

| | |
|---|---|
| Stockmaß: | 155-165 cm |
| Gewicht: | ca. 700 kg |
| Farben: | Braune, Dunkelbraune, selten Füchse, Rappen |
| Herkunft: | Russland |
| Verbreitung: | Russland |
| Eigenschaften: | ruhig, kräftig, ausdauernd |
| Nutzung: | Fahren, Arbeitspferde, Reiten |

## Geschichte

Das Wladimirer Kaltblut wurde in der Landwirtschaft von Maschinen ersetzt. Da es seitdem kaum noch gebraucht wird, ist die Rasse sehr selten geworden. Entstanden ist sie durch die Kreuzung von russischen mit britischen Pferderassen.

## Nutzung

Häufig treten beim Wladimirer weiße Abzeichen an Kopf und Beinen auf. Der Kopf ist lang und leicht geramst. Auch der Hals ist lang und hoch gesetzt. Der Kaltblüter ist muskulös, hat eine lange Kruppe und lange Beine mit Kötenbehang.

# Brumby

| | |
|---|---|
| Stockmaß: | 135-150 cm |
| Farben: | alle |
| Herkunft: | Australien |
| Verbreitung: | Australien |
| Eigenschaften: | klug, selbstständig, widerstandsfähig, schnell, trittsicher, scheu |
| Nutzung: | Freizeitpferde, Fleischlieferant |

## Lebensweise

Brumbys sind verwilderte, entlaufene Hauspferde, die sich in freier Wildbahn stark vermehrt haben. Sie stammen von Pferden ab, die die Briten nach Australien gebracht haben. Leider können sie der Umwelt schaden, wenn sie viele Pflanzen zertrampeln und Bodenerosionen verursachen.

## Nutzung

Die australischen Brumbys können gezähmt und zugeritten werden. Immer wieder werden sie als Freizeitpferde adoptiert. Viehzüchtern sind die verwilderten Brumbys ein Dorn im Auge, da sie mit ihren Tieren um die Nahrung konkurrieren. Deswegen werden die Pferde gejagt und geschlachtet, ihr Fleisch wird dann verkauft.

# Berber

| | |
|---|---|
| Stockmaß: | 148-160 cm |
| Farben: | alle |
| Herkunft: | Marokko, Algerien |
| Verbreitung: | Marokko, Algerien, Tunesien, Libyen, Mauretanien, Europa |
| Eigenschaften: | gelassen, ausgeglichen, sozial, belastbar, ausdauernd, klug |
| Nutzung: | Freizeit- und Turniersport, Dressur, Show, Fahren, Wanderreiten |

## Geschichte

Ungefähr 4000 Jahre alt sind die Berber, eine besonders alte Pferderasse. Sie wurde von den Berbern gezüchtet, einem Nomadenvolk. Die Tiere lebten in den Zelten der Menschen und dienten als Kriegspferde. Ein Berber-Hengst hatte großen Einfluss auf das Englische Vollblut: Godolphin Barb.

## Nutzung

Die heutige Zucht der Berber bringt vielseitige Freizeitpferde hervor. Berber eignen sich für Wander- und Ausdauerreiten, die Dressur bis zur Hohen Schule und Westernreiten. Sie sind gute Reitlernpferde und werden für Gespanne und Shows eingesetzt. In Marokko werden die berühmten Reiterspiele, die Fantasias, mit Berbern veranstaltet.

# American Saddlebred

| | |
|---|---|
| Stockmaß: | 150-175 cm |
| Gewicht: | 450-600 kg |
| Farben: | alle |
| Herkunft: | USA |
| Verbreitung: | USA, Kanada, Europa, Südafrika |
| Eigenschaften: | fügsam, lebhaft, anhänglich, klug, freundlich, elegant |
| Nutzung: | Reiten, Fahren, Show |

## Nutzung

Das American Saddlebred, auch American Saddlehorse genannt, ist wegen seines freundlichen Wesens auch für junge Reiter geeignet. Als Reit-, Fahr- und Showpferd ist es vielseitig. Es kann arbeiten, ist aber auch für das Freizeitreiten, Geländereiten und die Dressur gefragt. Die Rasse beherrscht bis zu zwei zusätzliche Gangarten: den Rack, einen schnellen Tölt, und den Slow Gait, einen langsamen Tölt, bei dem jeder Huf kurz in der Luft gehalten wird.

## Aussehen

Ein auffälliges Merkmal des American Saddlebred sind seine nach hinten gestreckten Hinterbeine, wenn es steht. Die Beine sind lang und schlank. Der ausgeprägte Widerrist liegt höher als die Kruppe, die kurz und waagerecht ist. Der Schweif ist hoch angesetzt.

# Comtois

| | |
|---|---|
| Stockmaß: | 150-165 cm |
| Gewicht: | 650-800 kg |
| Farben: | meist Dunkel- oder Kupferfüchse mit hellem Langhaar |
| Herkunft: | Frankreich |
| Verbreitung: | Frankreich, Spanien, Belgien, Niederlande, Deutschland |
| Eigenschaften: | sanft, robust, kräftig, ausdauernd |
| Nutzung: | Arbeits-, Zug-, Schlachtpferd |

## Nutzung

Comtois kommen in verschiedenen Gebieten zum Einsatz: in der Feldarbeit, als Rückepferde und als als Zugpferde. Verwendung finden sie auch im Reittourismus oder beim Freizeitreiten. Die Kaltblüter dienen außerdem als Schlachtpferde. Zugpferdrassen auch als Fleischlieferanten zu nutzen, hat einige Rassen vor dem Aussterben bewahrt. Denn nachdem sie in ihren Berufen als Arbeitspferde von Maschinen ersetzt wurden, sind die Bestände vieler Rassen stark zurückgegangen.

## Aussehen

Neben der typischen Fellfarbe kommen bei den Comtois selten auch Dunkelbraune mit schwarzem Langhaar vor. Abzeichen sind in der Zucht unerwünscht. Das Langhaar soll gewellt sein.

# Camargue-Pferd

| | |
|---|---|
| Stockmaß: | 135-150 cm |
| Größe: | 300-400 kg |
| Farben: | Schimmel |
| Herkunft: | Camargue (Frankreich) |
| Verbreitung: | Frankreich |
| Eigenschaften: | robust, ausdauernd, wendig, ruhig, lernbegierig, genügsam |
| Nutzung: | Reiten, Hüte- und Treibarbeit, Turniersport |

## Lebensweise

Die Rasse lebt halbwild in der Camargue in Frankreich. Hier halten sie die Hitze im Sommer, die Kälte im Winter und die Mücken in den Sümpfen aus. Das Camargue-Pferd kann unter Wasser grasen und dabei seine Nüstern verschließen, damit kein Wasser hineinkommt.

## Nutzung

In der Camargue dient die Pferderasse den Viehhirten als Reittier bei der Hüte- und Treibarbeit. Camargue-Pferde besitzen nämlich »Cow sense«. Die Schimmel eignen sich auch für das Freizeitreiten und den Turniersport. Wanderreiten, Dressur, Fahrsport und mehr ist mit diesem Pferd möglich.

# Pura Raza Española

| | |
|---|---|
| Stockmaß: | 150-162 cm |
| Gewicht: | 390-490 kg |
| Farben: | alle außer Schecken |
| Herkunft: | Spanien |
| Verbreitung: | weltweit |
| Eigenschaften: | ausgeglichen, klug, wendig, mutig, lernfähig, gehorsam |
| Nutzung: | Hohe Schule, Rinderarbeit, Fahren, Freizeit- und Turniersport |

## Nutzung

Pferde der Pura Raza Española (PRE) haben besonderes Talent für den Dressursport und die Hohe Schule. Das ist die klassische Reitkunst mit dem höchsten Schwierigkeitsgrad für Pferd und Reiter. Sie ist aus der Kriegskunst entstanden, deren Übungen mit dem Pferd im Kampf eingesetzt wurden. Das PRE eignet sich auch für die Rinderarbeit, als Gespannpferd, für das Freizeitreiten und den Turniersport.

## Aussehen

Die Pura Raza Española, auch Andalusier genannt, gehört zu den edelsten Pferderassen der Welt. Barockpferde dieser Rasse haben eine stolze Ausstrahlung und ein elegantes, kompaktes Exterieur. Ihr Profil ist gerade oder leicht geramst, der Hals hoch aufgesetzt. Das Langhaar dieser Pferde ist üppig und weich.

# Freiberger

| | |
|---|---|
| Stockmaß: | 150-160 cm |
| Gewicht: | 550-650 kg |
| Farben: | meist Braune und Füchse |
| Herkunft: | Schweiz |
| Verbreitung: | Schweiz, Italien, Frankreich, Deutschland, Belgien |
| Eigenschaften: | gelassen, leistungsfähig, robust |
| Nutzung: | Familien-, Freizeit- und Therapiepferd, Fahren |

## Nutzung

Früher waren Freiberger geschätzte Zug- und Packtiere in der Landwirtschaft und beim Militär. Heute dienen sie manchmal noch der Landschaftspflege durch Abgrasen. Vor allem sind Freiberger Familien- und Freizeitpferde. Sie eignen sich als Fahrpferde auch für Gespannturniere, für das Wanderreiten, Voltigieren und als Therapiepferde.

## Aussehen

Die Freiberger sind aus Kreuzungen von Englischen Vollblütern, Anglo-Normannen und Ardennern mit Stuten aus dem Schweizer Juragebirge entstanden. Sie sind die letzte lebende Pferderasse, die ursprünglich aus der Schweiz stammt und dort gezüchtet wurde.

# Schwarzwälder Fuchs

Stockmaß: 148-160 cm
Gewicht: 500-600 kg
Farben: meist Füchse mit hellem Langhaar, auch Braune, Rappen und Schimmel
Herkunft: Deutschland
Verbreitung: Deutschland, Kanada
Eigenschaften: gutmütig, ruhig, ausgeglichen, umgänglich, robust, langlebig
Nutzung: Freizeit-, Arbeitspferd

## Nutzung

In der Forst- und Landwirtschaft kommt die besondere Zugstärke des Schwarzwälder Fuchses zum Einsatz, zum Beispiel als Rückepferd. Die Rasse wird immer beliebter als Freizeitpferd und für das Fahren mit Gespannen und Kutschen. Auch als Familien- und Therapiepferd eignet es sich.

## Geschichte

Fast wäre der Schwarzwälder Fuchs ausgestorben. Seine Beliebtheit als Freizeitpferd konnte den Bestand sichern. Um die Rasse bekannter zu machen, werden Pferdeschauen, Festumzüge und Paraden mit dem Schwarzwälder Fuchs veranstaltet. Trotzdem ist die schöne und adlige Rasse immer noch selten.